Brian

WEISS

Mensagens dos

MESTRES

Preparo de Originais
Regina da Veiga Pereira

Revisão
Sérgio Bellinello Soares

Capa e Projeto Gráfico
Raul Fernandes

Fotolitos
Mergulhar Serviços Editoriais Ltda.

Impressão e Acabamento
Quebecor World São Paulo S.A.

CIP – BRASIL. CATALOGAÇÃO–NA–FONTE
SINDICATO NACIONAL DOS EDITORES DE LIVROS, RJ

W456m Weiss, Brian L. (Brian Leslie), 1944-
Mensagens dos mestres / Brian Weiss ;
preparo de originais de Regina da Veiga Pereira.
– Rio de Janeiro : Sextante, 2001.

ISBN 85-7542-002-X

1. Amor – Miscelânea. 2. Conduta – Miscelânea.
3. Terapia de vidas passadas. I. Título.

01-1487.

CDD 131
CDU 159.961

Editora Sextante (GMT Editores Ltda.)
Av. Nilo Peçanha 155 – Gr. 301 – Centro
20020-100 – Rio de Janeiro – RJ
Tel.: (21) 2524-6760 – Fax: (21) 2524-6755
Central de Atendimento: 0800-22-6306
E-mail: atendimento@esextante.com.br
www.esextante.com.br

Brian WEISS

Mensagens dos MESTRES

SEXTANTE

As citações dos Mestres são como os sinos que os budistas costumam tocar para lembrar a suas mentes errantes que devem retornar ao tempo presente, à consciência.

Da mesma forma, as mensagens dos Mestres nos lembram que devemos permitir a nossas mentes que se voltem para o que é importante – amor, paz, vida eterna, pensamentos e práticas espiritualizadas – e deixar de lado o que não é importante – coisas materiais, orgulho e egoísmo, violência, medo, preocupações e ódio.

Como os sinos, as citações nos conduzem de volta à nossa consciência.

O nosso caminho é interior. Este é o caminho mais difícil, a viagem mais dolorosa. Somos responsáveis por nosso próprio aprendizado. Esta responsabilidade não pode ser colocada nos ombros de outra pessoa, de algum guru. O reino de Deus está dentro de nós.

Você é maior do que o seu corpo, maior do que a sua mente. Você é um maravilhoso ser de luz e amor, imortal e eterno. Você é maior do que seus medos, do que sua ansiedade, seus rancores e preocupações. Você é maior até mesmo do que o seu sofrimento.

Você está sempre rodeado de amor, um amor que pode protegê-lo e confortá-lo. Que pode alimentá-lo e lhe oferecer realizações. E você pode visualizar o amor que o circunda. Pode reencontrá-lo nas profundezas do seu próprio eu, na sua imensidão interior, de onde você conseguirá sempre olhar o mundo e sentir-se capaz de torná-lo um lugar mais feliz para você e para os demais.

Depois do nosso nascimento no estado físico, a fonte principal de aprendizagem são os relacionamentos. Através da alegria, da dor e da emoção dos relacionamentos, avançamos em nosso caminho espiritual, de maneira a aprendermos a respeito do amor sob todas as formas.

Relacionamentos são laboratórios vivos, um verdadeiro campo de testes para determinar como estamos nos saindo, se aprendemos profundamente nossas lições, aproximando-nos do plano que predeterminamos para a nossa vida.

Nos relacionamentos, nossos botões são acionados e nós reagimos. Já aprendemos a negociar, dialogar e perdoar, ou usamos a violência, o autoritarismo e a vingança? Somos capazes de nos aproximar dos outros com compreensão, amor e compaixão, ou reagimos com medo, egoísmo e rejeição? Sem relacionamentos, nunca poderíamos saber essas coisas nem testar nosso progresso.

O presente é o campo do aprendizado e da felicidade. No entanto, muitos de nós vivem tensionados entre nebulosos pensamentos sobre o passado e o futuro que nos impedem de ver e de viver o presente. São remorsos, ressentimentos, sentimentos, rancores e frustrações que trazemos dos dias que se foram. São as apreensões, nossa capacidade de imaginar logo a pior hipótese, ou pelo menos uma série de hipóteses desfavoráveis, por puro medo do que está por vir.

É no presente que pagamos nossas dívidas, que nos distanciamos por força da satisfação que conquistamos e graças ao que estamos realizando – das marcas do passado. É no presente que aprofundamos nossas reflexões, que nos tornamos fortes, que nos preparamos para conseguir o melhor da vida.

A Terra é um lugar difícil, onde aprendemos por meio das emoções e da dor e mostramos por meio das ações se de fato aprendemos nossas lições. Quanto mais obstáculos houver, mais oportunidades teremos para aprender. Uma vida com relacionamentos difíceis, repleta de desafios e perdas, oferece maiores oportunidades para o crescimento da alma. Se é isso o que acontece, pode ser que você tenha escolhido uma vida mais difícil, de modo a acelerar o seu progresso espiritual.

Paciência e senso de oportunidade... tudo vem na sua hora. Não se pode apressar a vida, ela não funciona em horários fixos, como tanta gente quer que seja. É preciso aceitar o que nos chega a cada momento, sem pedir mais.

A violência e a falta de visão parecem dominar o mundo. Precisamos navegar em harmonia, rejeitar o ódio, a raiva, o medo e o orgulho. Precisamos ter a coragem necessária para fazer o que é certo. Precisamos amar e respeitar os outros, para enxergar e apreciar a beleza inata e a dignidade de todo ser humano. Porque somos almas, todos feitos da mesma substância. Apenas unindo nossos esforços, agindo como uma tripulação, é que podemos evitar as tempestades e encontrar o caminho para casa.

É fácil ler ou falar sobre amor, caridade e fé. Mas fazer, sentir, requer este novo estado de consciência. Atinge-se o estado permanente pelo comportamento físico, pelos atos e ações, pela prática. É pegar algo quase místico e transformá-lo em algo familiar e cotidiano através da prática, torná-lo um hábito.

O crescimento de cada pessoa e sua busca de felicidade seguem caminhos próprios, e o critério para avaliar o acerto do rumo escolhido se baseia na satisfação interior. Não é possível uniformizar os meios e as experiências usadas para o desenvolvimento de cada um, nem determinar o ritmo e o tempo em que os processos se dão.

Cada indivíduo deve procurar seu próprio rumo em busca da paz e do equilíbrio, não se conformando em viver pela metade, nem aceitando carregar o fardo de angústias, culpas e conflitos.

Nunca somos privados do livre-arbítrio. Nossas vidas e a vida de todas as pessoas com quem interagimos no estado físico serão afetadas por nossas escolhas, mas ainda assim as marcas predestinadas ocorrerão. Encontraremos as pessoas que planejamos encontrar; enfrentaremos obstáculos e circunstâncias e teremos as oportunidades que planejamos muito antes de nascer. A forma de lidar com esses encontros, as nossas reações e decisões dependerão de nosso livre-arbítrio. Destino e livre-arbítrio coexistem e interagem o tempo todo. São forças complementares e não contraditórias.

Carma não é punição, mas, acima de tudo, uma oportunidade para aprender. Este planeta é uma enorme escola e nossa tarefa é aprender e crescer. O carma é um conceito universal, que existe em todas as grandes religiões. Você colhe o que planta. Todo pensamento e toda ação têm inevitáveis conseqüências. Somos responsáveis por nossas ações.

Acredito que não somos somente humanos, nem mesmo seres humanos que, eventualmente, desfrutam de experiências humanas. Possuímos diversas dimensões que podemos vivenciar e das quais podemos usufruir. Temos em nosso espírito possibilidades acima do tempo e das limitações físicas. E há muitas formas de entrar em contato com o Eu Superior que abrigamos. Trata-se de um caminho no qual quanto mais avançamos, mais nos tornamos capazes de alcançar graus cada vez mais altos de espiritualidade.

Às vezes uma alma escolhe uma vida especialmente difícil para acelerar seu crescimento espiritual, ou como um ato de amor, para ajudar, orientar e apoiar outras pessoas que estejam também enfrentando problemas graves em sua vida. Uma vida dura e difícil não é um castigo, mas uma oportunidade de desenvolvimento.

Trocamos de raça, de religião, de sexo, de condição econômica, porque precisamos receber lições de todas as situações. Experimentamos tudo. O carma é a justiça suprema. Nada escapa nem é tratado superficialmente em nosso aprendizado.

Compreender que ninguém é maior que ninguém. Sentir isso. Praticar o auxílio aos outros. Remamos todos no mesmo barco. Se não nos esforçarmos juntos, ficaremos muito solitários.
Quando deixamos que o amor flua livremente, ele vence todos os obstáculos.

O caminho de todos é basicamente o mesmo. Todos nós precisamos aprender certas atitudes enquanto estamos no estado físico. Caridade, esperança, fé, amor... Alguns são mais rápidos em aceitá-las do que outros. Há várias maneiras de demonstrar essas atitudes. E, no entanto, penetramos apenas um pouco em cada uma delas...

Viemos aprender nessa escola da Terra e precisamos de muitas existências para acumular uma sabedoria que impregne cada um de nossos atos. Porque não é fácil, porque somos seres ambíguos, divididos, inconstantes, e os valores e apelos do sistema e da cultura em que vivemos conspiram contra o sentido do nosso crescimento. Também não é fácil porque os processos são lentos, os avanços muitas vezes imperceptíveis e os retrocessos nos fazem correr o risco de desanimar.

Quanto mais profundamente nossa prática de meditação nos leva, mais nos distanciamos do plano das aparências e das tensões, da importância que damos às frustrações, aos rancores e ressentimentos, e mais e mais nos envolvemos com esse Eu Superior, com sua capacidade de amar.

Por conseqüência, ao compreender que essa visão da vida e do mundo – e esse amor – está dentro de nós, ao descobrir que possuímos esse dom tão precioso, repleto de beleza, nos sentimos seres dignos de ser amados e de alcançar a felicidade. Somos, sim, seres luminosos e iluminados.

Imagine que você pode de fato jogar fora, junto com o ar que sai, todas as tensões e o estresse que estão em seu corpo, e que pode inspirar uma energia belíssima que está em torno de você. Isso vai ajudar a ir cada vez mais fundo. A cada respiração, você irá mais fundo.

Nossa tarefa no plano físico é aprender. Aprender no sentido mais amplo, mais ilimitado: aprender a amar. Amar aos outros e a nós mesmos. Esse é o conhecimento que nos torna divinos.

Uma das lições mais importantes na vida, para se entender o que é liberdade, é a da independência. Independência de amarras, da obrigação de atingir determinados resultados, das opiniões e expectativas alheias.

Quebrar amarras conduz à liberdade, mas não significa abandonar um relacionamento importante e repleto de amor que nos alimenta e enriquece. Significa pôr fim à dependência em relação a uma pessoa ou a uma coisa. Amor não tem nada a ver com dependência.

Só os relacionamentos em que colocamos nossa alma trazem verdadeira alegria à vida.

Relacionamentos precisam de cuidados e atenção. Desprenda-se de suas prioridades atuais, reavalie-as. Dedique tempo e energia para o bem da outra pessoa. Concentre nela sua atenção, pois os relacionamentos são mais importantes do que a televisão, a revista ou o jornal.

Nunca pense nos relacionamentos como coisa garantida, que não precisa ser continuamente alimentada. Não caia na rotina. Renove o relacionamento através de ações amorosas. O relacionamento é algo vivo, que existe no presente. Sua garantia de permanência não vem do passado.

Como dizer que somos todos iguais, se nos defrontamos com contradições tão óbvias: temperamentos, talentos, inteligência, ad infinitum? É como se houvesse um grande diamante dentro de cada um de nós, com mil facetas, cada uma coberta de pó e breu. Limpar cada uma delas é tarefa da alma, até que a superfície brilhe e possa refletir um arco-íris.

Alguns limparam várias delas, e estão brilhando. Outros só conseguiram polir algumas, não brilham tanto. Mas, sob a poeira, os diamantes são iguais, a única diferença é o número de facetas limpas. Quando todas estiverem limpas e brilhando num espectro luminoso, o diamante voltará à energia pura de onde se originou.

Quando você olhar para outra pessoa, em seus relacionamentos, na terapia, na vida, veja a alma dela através de muitas existências, do tempo infinito. Não olhe apenas para o ser transitório à sua frente. Você também é uma alma.

A felicidade se baseia na simplicidade. A tendência para o excesso em pensamento e ação a diminui. O excesso obscurece os valores básicos. As pessoas religiosas nos dizem que a felicidade está em encher o próprio coração de amor, em ter fé e esperança, em praticar a caridade e ser generoso.

Passamos por tantos estágios quando estamos aqui. Largamos um corpo de bebê, passamos para o da criança, daí para o do adulto, até envelhecermos. Por que não poderíamos dar mais um passo, abandonando o corpo adulto e seguindo para o plano espiritual? É o que fazemos.

Não paramos de crescer, continuamos nos desenvolvendo ao chegar no estado espiritual. Ao chegar, estamos consumidos. Precisamos passar por um estágio de renovação, de aprendizado, e por um estágio de decisão. Decidimos quando, onde e por que motivo queremos voltar.

Nossas vidas não resultam de acontecimentos e ações aleatórias. O período de cada vida é cuidadosa e sabiamente planejado para nos dar uma oportunidade de aprendizagem e evolução.

Destino é o nome que se dá para os acontecimentos e situações que escolhemos antes de nascer.

O que nós chamamos de coincidências na verdade são as impressões digitais de Deus.

Libertando-nos do peso do passado e da preocupação com o futuro, nós nos tornamos mais capazes de nos concentrar no presente. Porque é no agora que experimentamos a alegria, o amor, a paz de espírito, é nele que contemplamos a beleza das manifestações da natureza e dos pequenos gestos humanos, é ele que nos abastece de alegrias e esperança.

Existem níveis diferentes de aprendizados e é preciso sofrer na carne para atingir alguns deles. Precisamos sentir a dor. Como espírito, não sentimos dor. É um período de renovação. A alma está sendo renovada. Quando estamos no estado físico podemos sentir dor, podemos ser feridos. No estado espiritual, não, só existe felicidade, uma sensação de bem-estar.

Como ensinaram os místicos, não somos seres humanos tendo uma experiência espiritual. Somos seres espirituais tendo uma experiência humana.

Dizem-me que há vários deuses, pois Deus está em cada um de nós.

Gentileza e carinho não podem ser reservados apenas a nossos amigos e parentes. Assim, a sociedade não mudará em nada. Precisamos nos aproximar das pessoas estranhas, não apenas daqueles que se parecem conosco.

Se conseguíssemos que todo mundo realizasse alguns atos de bondade diariamente, poderíamos começar a mudar o mundo. Nossos dias pareceriam mais suaves, acumularíamos pequenas alegrias e nossa esperança no futuro seria reforçada.

Se você não tem oportunidade de fazer grandes coisas, pode fazer pequenas coisas de uma forma grandiosa.

O amor não é um processo intelectual, mas acima de tudo uma energia dinâmica que flui para dentro e através de cada um de nós, permanentemente, quer estejamos ou não conscientes disso. Devemos aprender tanto a dar amor quanto a recebê-lo. Só em comunidade, envolvidos em relacionamentos e servindo ao próximo, é que seremos capazes de verdadeiramente compreender toda a amplitude da energia do amor.

O amor é eterno. O amor não acaba quando a relação termina. O amor não acaba nem mesmo com a morte física.

O amor, em si, permanece, mesmo se o ser amado morreu. Visualize essa pessoa e envie para ela pensamentos e comunicações positivas. Seu relacionamento está vivo e as transformações podem continuar ocorrendo.

A arrogância é simplesmente a outra face do medo. Se o medo não estiver presente, não há necessidade de arrogância.

Perdão não significa esquecimento. Significa compreensão.

O destino flui de modo paralelo à nossa vontade e escolhas, intervindo e interagindo, corrigindo e trazendo-nos, gentilmente ou não, de volta ao nosso objetivo, como um cão pastor faz com suas ovelhas desgarradas, sempre retornando às escolhas que fizemos antes de nascer. Tudo isso contribui para o nosso progresso espiritual.

Enfermidades físicas são uma conseqüência comum da incapacidade de recusar compromissos indesejáveis, já que essa é uma maneira mais aceitável de dizer não. Então, você não tem outra escolha a não ser recusar, já que o seu corpo disse não por você. Mas é muito mais saudável afirmar assumidamente o seu desejo.

Às vezes é preciso buscar em vidas passadas as raízes de determinado comportamento, mas essas raízes podem estar na vida presente e basta ter humildade e persistência para descobri-las.

Em seu crescimento, não tenha medo de despertar a raiva de outra pessoa. A raiva é apenas uma manifestação da insegurança dela. Mas temer essa raiva pode inibi-lo.

Qual a diferença entre nós, nessa vida, se você é rico e eu não sou? Apenas os tesouros do espírito podem nos acompanhar. Qual a diferença se você é poderoso e famoso e eu não sou? A felicidade não está enraizada nem no poder nem na fama, mas apenas no amor. Qual a diferença se você é mais estimado e respeitado pelos outros do que eu? Talvez eu esteja ousando viver a verdade e a verdade raramente é popular. A felicidade vem do íntimo, não de fora de nós, não da preocupação sobre o que pensam a nosso respeito.

Nos níveis mais elevados, difíceis de serem descritos em palavras, todos nos tornamos um, todas as almas, espíritos, guias e Mestres. Uma única consciência, uma única percepção, uma única energia, um único amor.

À medida que crescemos, podemos nos ver cercados de amigos e de pessoas que tenham por nós um carinho genuíno, que nos propiciem a segurança que vem da certeza de sermos amados e tratados com dignidade e respeito.

Esses amigos e entes queridos se transformam na nossa verdadeira família. Eles também podem compartilhar conosco os mesmos valores espirituais e nós podemos ajudá-los a evoluir positivamente.

Essas pessoas serão a nossa família espiritual. Se formos rejeitados por nossa família biológica, a família espiritual nos acolherá, cuidará de nós e se tornará a família que realmente importa.

Um amigo, uma alma gêmea,
é um tesouro.

O dinheiro é uma coisa neutra. Nem bom nem mau. O que importa é o que fazemos com ele. Podemos usar o dinheiro para ajudar quem necessita ou podemos escolher usá-lo egoisticamente, desperdiçando a oportunidade de ser generosos. A escolha é nossa, e todas as lições serão, cedo ou tarde, aprendidas.

Dinheiro e segurança são coisas diferentes. Segurança só pode vir de nosso interior. É uma coisa espiritual, não terrena. Dinheiro é terreno. Não se pode levá-lo, quando partirmos daqui. Podemos perder tudo da noite para o dia, se este for nosso destino ou a lição que precisamos receber. A segurança vem de uma paz íntima e do conhecimento da nossa essência verdadeira, que é espiritual.

O maior pecado é roubar de alguém a sua alegria.

Jamais adie sua alegria.

Quando as pessoas vivem intensas experiências espirituais, a energia do amor está sempre presente. É um amor incondicional, absoluto e transcendente. É uma energia atemporal, carregada de sabedoria e compaixão.

O amor é a energia mais fundamental, é a essência de nosso ser e do universo. É o amor que une e conecta todas as coisas e pessoas.

O amor é mais do que um objetivo, mais do que um combustível, mais que um ideal. Nós somos amor.

Thich Nhat Hanh, um monge budista vietnamita, ensina como se deve apreciar uma boa xícara de chá. Para isso, você precisa concentrar-se no momento presente, ficar consciente e com a atenção voltada para o chá. Sentir o calor da xícara, apreciar o colorido da infusão, aspirar seu perfume, degustar lentamente cada gole. Se você fica remoendo eventos passados, ou preocupando-se com os futuros, de repente vai se dar conta de que bebeu todo o chá sem nem perceber. A vida é como uma xícara de chá.

O amor é como um fluido. Preenche fendas. Preenche espaços vazios por sua própria conta. Somos nós, são as pessoas que o impedem, erigindo falsas barreiras. E quando o amor não pode encher nossos corações e mentes, quando estamos desligados de nossa alma, cuja essência é amor, todos enlouquecemos.

Escute a voz do seu coração, do seu próprio saber intuitivo ao tomar decisões importantes, especialmente ao decidir quanto a uma dádiva do destino, como o reencontro de uma alma gêmea. O destino irá depositar a dádiva diretamente a seus pés, mas o que você decidirá fazer com essa dádiva depende de você. Se ouvir unicamente os conselhos de terceiros, pode cometer erros terríveis. O seu coração sabe do que você precisa. As outras pessoas têm outros caminhos.

Gosto de imaginar que a relação entre almas é algo semelhante a uma grande árvore frondosa. As folhas que ocupam o ramo em que estamos nos são íntimas. Podemos até trocar experiências, experiências espirituais, umas com as outras. Temos também relações intensas e íntimas com as que ocupam o ramo vizinho ao nosso. Pertencemos à mesma árvore e ao mesmo tronco. Nós nos conhecemos.

Existem muitas outras árvores nesta bela floresta, todas ligadas entre si através do sistema de raízes do solo. Ainda que possa haver uma folha em uma árvore distante que pareça bem diferente de nós e muito remota, somos ligados a essa folha, ligados a todas as folhas.

Quando uma emoção negativa é compreendida e descobrimos suas causas, a energia que está atrás da emoção diminui e até desaparece. Quando sentir raiva, a medida mais saudável é parar, respirar fundo algumas vezes, tentar descobrir o motivo da raiva, procurar resolver a situação e desapegar-se da raiva.

A raiva não é um instrumento eficaz para resolver qualquer questão. Ela perturba a clareza do raciocínio, afeta a tomada de decisão, inviabiliza nossa argumentação e cria uma predisposição negativa no interlocutor. Mas, apesar disso tudo, empreendemos poucos esforços para afastar a raiva. Somos uma espécie bastante teimosa.

Quando morremos e nossas almas avançam para dimensões mais elevadas, levamos conosco nossos comportamentos, nossos atos, nossos pensamentos e nosso conhecimento. A forma como tratamos os outros nos relacionamentos é infinitamente mais importante do que os bens materiais que acumulamos. Podemos ganhar e perder objetos e riquezas materiais durante a vida na Terra. Não encontraremos esses objetos na vida do outro lado, mas encontraremos nossos seres amados. Esse pensamento deve ajudar-nos a examinar nossas prioridades e valores.

Pergunte a si mesmo por que tem tanto medo? Por que tem medo de assumir riscos razoáveis? Teme por sua reputação, pelo que os outros possam vir a pensar? Esses medos foram condicionados na sua infância ou mesmo antes disso.

Faça a si mesmo estas perguntas: o que posso perder? O que pode acontecer de pior? Sinto-me contente com a possibilidade de viver o resto da minha vida desse modo?

Aquele que busca a fama pelo amor à fama poderá alcançá-la durante algum tempo. Mas essa fama será temporária e insatisfatória. Se, porém, a fama lhe vem sem ser procurada, como resultado de atos acertados, atos que seguem o Caminho, essa fama será duradoura e adequada. Mas para o que está no Caminho ela não importa. Essa é a diferença entre a fama que é procurada de modo egoísta, para o indivíduo, e a fama que não se busca nem se deseja, subproduto da conduta acertada. A primeira é ilusória e passageira. A segunda é real e permanente, aderente à alma. A primeira agrava o carma e tem de ser compensada; a segunda, não.

Você deve transcender o seu ego e descobrir o seu verdadeiro ser. O verdadeiro ser é a parte permanente, a parte mais profunda de você. É sábia, amorosa, segura e cheia de alegria.

Para cada um de nós existe alguma pessoa especial. Muitas vezes existem duas, três ou mesmo quatro. Todas vêm de gerações diferentes. Atravessam oceanos de tempo e profundidades celestiais para estarem conosco novamente. Vêm do outro lado, do céu. Podem parecer diferentes, mas nosso coração as reconhece. Há entre elas e nós um laço eterno, que nunca nos deixa sós.

A meditação desenvolve uma progressiva capacidade de concentração e focalização, abrindo as portas do subconsciente. As lembranças de nossas vidas passadas e de nossas estadas na dimensão espiritual entre uma e outra reencarnação encontram-se guardadas no subconsciente. Sendo o plano mais criativo e clarividente da mente, de lá trazemos recursos espirituais, psíquicos e intelectuais muito úteis para o nosso dia-a-dia.

Mais do que isso, através da meditação, vivenciamos uma beleza interior que nos faz repensar tudo o que nos rodeia e a nós mesmos. Que nos faz confiar na capacidade – que de fato possuímos – de utilizar e direcionar nossas energias para a purificação de nosso corpo e de nossa mente, e para a descoberta e o desenvolvimento de nossa espiritualidade.

Passamos por vários níveis de consciência quando nossa alma deixa o corpo físico no momento da morte. Um dos níveis importantes é o da aprendizagem, onde revemos nossa vida. Revivemos cada encontro, cada relacionamento. Sentimos as emoções das pessoas que ajudamos e das que ferimos, das que amamos ou odiamos, das que atingimos positiva ou negativamente. Sentimos suas emoções muito profundamente, porque este é um meio poderoso de aprendizagem, uma espécie de retorno instantâneo de tudo o que fizemos enquanto estávamos em nosso corpo físico. Aprendemos sobretudo através dos relacionamentos.

Recebemos poderes intuitivos que devemos seguir sem tentar resistir. Aqueles que resistem encontrarão o perigo. Não somos mandados de volta de cada plano com os mesmos poderes. Alguns possuem poderes maiores do que os outros, porque os foram acumulando em outras épocas. As pessoas não são todas criadas iguais. Mas, eventualmente, atingiremos um ponto em que todos seremos iguais.

A recordação de momentos traumáticos, reprimidos ou esquecidos e das lembranças dolorosas está constantemente associada à cura. Recordar esses eventos, com as emoções associadas a eles – algo que a terapia chama de catarse –, é a pedra angular da psicanálise e de outras psicoterapias tradicionais. O simples ato de trazer para a consciência essas lembranças enterradas é em si extremamente terapêutico.

Minhas descobertas indicam que o campo terapêutico precisa ser ampliado, que não podemos parar a arqueologia psíquica na infância, mesmo a mais remota, e que os padrões das vidas passadas, com sua memória, também precisam ser escavados para que ocorra uma cura completa.

Quando alguém experimenta viver em outros corpos e em outras épocas, ou quando assiste a suas muitas mortes e renascimentos, o que se fixa em sua percepção de vida é a compreensão sólida e convicta de que somos almas eternas e não corpos individuais. Somos imortais. Nunca morremos. De fato, apenas nos movemos para outros níveis de consciência. E, já que nossos entes amados também são imortais, nunca nos separamos deles, na verdade. Essa constatação sobre nossa essência espiritual tem um extraordinário poder de cura.

Não há outra maneira de aprender a não ser nos conhecendo, transformando nossos medos e limitações em força e alegria.
Essa é a principal lição.

Devemos aprender a não nos aproximarmos apenas das pessoas cujas vibrações sejam iguais às nossas. É normal sentir-se atraído por alguém do seu mesmo nível. Mas está errado. Você deve também se aproximar de pessoas cujas vibrações sejam contrárias às suas. Esta é a importância de ajudar essas pessoas.

A espiritualidade que cura e traz o equilíbrio é a capacidade de amar e de nos sentirmos amados. É o que nos devolve ao mundo munidos de habilidades impressionantes. Menos sujeito a inibições e constrangimentos, o subconsciente é uma matriz de criatividade e de respostas intuitivas. Criatividade e intuição, duas fontes de realização, mas que, habitualmente, subestimamos ou mesmo reprimimos. O contato e, a médio prazo, a intimidade com nosso subconsciente nos tornam capazes de confiar na contribuição única e original que temos a dar ao mundo e nos pressentimentos e sensações de que somos acometidos.

Um dia, uma cliente, que vinha se tratando há algum tempo, entrou em meu consultório com o rosto iluminado:

— Acabei de descobrir uma árvore maravilhosa bem em frente de minha casa! O tronco é vigoroso, a copa é frondosa e as folhas têm os mais lindos tons de verde!

Espantei-me:

— Mas como é isso? A árvore apareceu de repente?

E ela me respondeu sorrindo:

— Não, ela esteve sempre lá, mas eu nunca reparei nela. Saía e entrava em casa correndo, preocupada com as crianças, com as tarefas domésticas ou com o que me aguardava no trabalho.

O trabalho e a prática da meditação abriram-lhe os olhos para ver e usufruir a beleza que estava todos os dias ao seu alcance.

Quando houver atos que agridam e ofendam, podemos voltar atrás e pedir perdão, dizendo que não gostaríamos de ter feito o que fizemos. Este é um lindo gesto de amor.

Quando as nossas intuições, os nossos sentimentos mais íntimos e o nosso coração espiritual sabem sem sombra de dúvida, não devemos deixar-nos levar pelos argumentos temerosos de terceiros. Às vezes bem-intencionadas, outras vezes não, essas pessoas podem afastar-nos de nossa felicidade.

O passado terminou. Devemos aprender com ele e deixá-lo ir. O futuro ainda não chegou. Devemos fazer planos, mas não perder tempo em preocupar-nos com ele. De nada vale preocupar-nos. Quando paramos de ruminar a respeito do que já aconteceu, quando paramos de preocupar-nos com o que talvez nunca aconteça, então estaremos vivendo o presente e começaremos a sentir a alegria de viver.

Sei que para tudo há uma razão. Talvez na hora não tenhamos o discernimento nem a percepção para compreendê-la, porém, com tempo e paciência, ela acaba por se revelar.

A felicidade vem do íntimo. Não depende de fatores externos ou de outras pessoas. Nós nos tornamos vulneráveis e podemos ser facilmente feridos quando os nossos sentimentos de segurança e felicidade dependem do comportamento e das ações de outras pessoas. Nunca transfira o seu poder para outra pessoa.

Nossa missão é aprender para nos tornarmos à semelhança de Deus através do conhecimento. Sabemos tão pouco. Temos muito que aprender. Pelo conhecimento nos aproximamos de Deus e então podemos descansar. Depois, voltamos para ensinar e ajudar os outros.

Nossas crenças podem ser alteradas pelo poder e efeito direto da experiência pessoal. Você é capaz de começar a entender alguma coisa quando experimenta a essência dessa coisa. Sua crença, então, se transforma em conhecimento.

A direção é o que importa, não a velocidade. Se você está se tornando uma pessoa mais amorosa, menos passional e violenta, encontra-se na direção certa. Assim como eu, você pode ser perturbado, tomar trilhas erradas e mesmo se perder. Mas encontrará o caminho de volta. Pode parecer que esteja dando dois passos à frente e um para trás, mas é assim mesmo. É isso o que acontece quando estamos na forma humana.

A iluminação é um processo lento e árduo que requer disciplina e dedicação. É mais do que natural que queiramos parar de vez em quando. Isso não significa que estejamos regredindo; estamos consolidando, descansando.

Não é necessário conhecer suas vidas passadas para obter essas mudanças positivas. A chave de tudo é a compreensão. Ao compreender sua verdadeira natureza e o seu objetivo, sua vida estará transformada para sempre e daí em diante você pode começar a transformar o mundo. Foi dessa maneira que minha vida se transformou.

Vidas passadas são ainda um conceito e um valor significativos para mim, mas compreender e expressar o amor, satisfação e a paz interior no meu dia-a-dia tornou-se ainda mais importante.

Vale a pena investir no caminho do amor, porque é um caminho de paz e felicidade. Não se preocupem com a lentidão do processo, não se julguem quando houver recaídas ou estagnações. É assim mesmo.

Sintam raiva, exasperação, preguiça, sintam até ódio. Esses sentimentos irrompem em nós sem que possamos controlar seu aparecimento. Contemplem e constatem o que estão sentindo, não neguem nem recusem, mas desapeguem-se. Não é o sentimento que atenta contra o amor, são os atos decorrentes desses sentimentos. À medida que avançarmos no caminho da espiritualidade, iremos nos tornando mais tolerantes, mais compreensivos, mais capazes de relativizar.

A energia do amor é potencialmente mais poderosa do que a de qualquer bomba e mais sutil do que a das ervas. O que nos falta é descobrir como utilizar essa energia básica e fundamental. Quando aprendermos, a cura começará a se dar a nível individual e planetário.

O progresso não é linear. Podemos ter avançado muito no que diz respeito à caridade e à compaixão, mas sermos principiantes em relação à raiva e à paciência. É importante não se exigir demais. Se não ficarmos nos julgando nem permitirmos que outros nos julguem, não nos sentiremos frustrados.

Chegou o momento de entender e experimentar a energia que está presente e conecta todas as experiências, fenômenos e seres. Quando conseguirmos isso, nossa vida se expandirá e seremos capazes de remover os obstáculos que nos impedem de atingir a paz interior, a alegria e a felicidade.

Sinto-me hoje imbuído de uma missão: anunciar ao maior número de pessoas possível que somos seres espirituais e que a nossa essência fundamental é o amor incondicional, absoluto, essa energia que dá origem ao universo, está presente nele todo e constitui o núcleo básico de cada pessoa, conectando experiências, fenômenos e seres. Uma energia que subsiste à morte de nosso corpo físico.

Espero que o que você leu aqui lhe traga ajuda, que o seu medo da morte tenha diminuído e que as mensagens que lhe foram oferecidas sobre o verdadeiro significado da vida sirvam de libertação para que você possa viver da maneira mais plena possível, buscando a harmonia e a paz interior e aproximando-se com amor de seus irmãos humanos.

Lembre-se de que você sempre é amado. Está sempre protegido, nunca está sozinho... Você também é um ser de luz, de sabedoria, de amor. E não pode jamais ser esquecido.

Você não é o corpo que tem; não é o seu cérebro, nem mesmo a sua mente. Você é o espírito. Basta-lhe despertar para a recordação, lembrar-se. O espírito não tem limites, não tem o limite do corpo físico e ultrapassa o alcance do intelecto ou da mente...

A semente fica muito tempo oculta sob a terra e, se desistirmos de regar o solo, perderemos a beleza, a sombra e o fruto da árvore que poderá despontar e crescer. Dêem início ao processo, pois a felicidade que procuram não está no fim do caminho, mas durante todo o percurso. E saibam que cada ser humano que entra em harmonia com seu núcleo essencial de amor, ao construir sua própria felicidade, está dando sua parcela de contribuição para a felicidade da Terra.

Conheça os outros títulos do Dr. Brian Weiss:

– A Cura Através da Terapia de Vidas Passadas

– A Divina Sabedoria dos Mestres

– Só o Amor É Real

– Muitas Vidas, Muitos Mestres

– Meditando com Brian Weiss (inclui CD com os exercícios de relaxamento profundo e meditação para a cura)

– Os Espelhos do Tempo (inclui CD com dois exercícios de regressão)

Informações sobre os próximos lançamentos

Para receber informações sobre os próximos lançamentos da EDITORA SEXTANTE, queira entrar em contato com nossa Central de Atendimento, dando seu nome, endereço e telefone para:

EDITORA SEXTANTE
Av. Nilo Peçanha, 155 – Gr. 301 – Centro
20020-100 – Rio de Janeiro – RJ
Tel.: (21) 2524-6760 – Fax: (21) 2524-6755
DDG: 0800-22-6306 (ligação gratuita)
E-mail: atendimento@esextante.com.br

Para saber mais sobre nossos títulos e autores, e enviar seus comentários sobre este livro, visite o nosso *site:*

www.esextante.com.br